Asilo en Brazos Valley

MICHAEL H. MIRANDA

Asilo en Brazos Valley

bokeh ✳

© Michael H. Miranda, 2017

© Fotografía de cubierta: W Pérez Cino, 2017

© Bokeh, 2017

Leiden, NEDERLAND
www.bokehpress.com

ISBN 978-94-91515-83-5

A M., porque errábamos hacia el justificado asilo.

Si uno lo mira desde esa perspectiva, es total-
mente fragmentado, onírico, cruzado por la
imposibilidad de construir con el lenguaje otra
cosa que no sea la dispersión.

R. P.

I.

un diluviar de bien amoral

Las noches en Brazos Valley, que ejercen en mí anulaciones.

Corvus albus, cisne, cuello blanco.
De alguna manera, el libro interminable.

Hoy comieron hamburguesas y se reunieron con una suerte de jefa triste, toda ella una cuestión como de jirafa parlante. La hamburguesa mejor que la jefa, aunque esta olía mejor.

Disueltas en axilas: nimiedades, una trama de esquirlas.

Baquero: El hombre como producto de la fermentación pútrida de una estrella muerta.

Estación de frescas carnes, pero entonces corrimiento de cortinas y escaleras. Frescas carnes y escaleras. Es extraño no caer o apenas atravesar el encristalado se vuelve un gesto indefinible, como de desinteriorización. Todo cuerpo es cicatrices.

> *The first year was like icing.*
> *Then the cake started to show through.*
> *Which was fine, too, except you forget the direction*
> *you're taking.*

Parodiaba un idioma ante poeta distinguida que derrama algún líquido soberbio sobre los pechos. Mal acompañada en sus viajes al sur desde una biblioteca antigua. De su laberinto al laberinto de malas traducciones y peores pronunciaciones.

Todo tan difuso.

Y usted, señor Jones, ¿cómo es que ha llegado aquí?, pregunta poeta distinguida y humedad en los pechos.

Los astros, que suelen torcernos el camino y hasta la mirada, puestos ya a hablar.

O el dolor de tinta sobre papel embotellado.

No conoció usted a mi padre, dice.

Tampoco usted al mío, hombre de puntuales imprentas que se extinguieron dejando ningún vacío.

Años de poder: el ridículo de la caída por evasión de un tiempo de asesinos.

En Brazos Valley, durante las marchas por el respeto a los limpiadores de ciudad se irrespetaron los derechos de los ensuciadores. Así abortistas y provida pintaron y despintaron. Luego, ya idos, de dos en dos, no descartar *ménage à trois*, hacia las cópulas.

Copular en Brazos Valley: a pie por cada pluma de pájaro en sordina.

Manifiesto
de
las
carnes
oscuras.
Vendrán
ya
asimilaciones.

Contribuye a menguar el efecto del azar.
A caballo, trapaceros. Mapa inteligible, square de huraños.
Qué ha de decir un muerto.

Qué aviones, qué vientos.
De anoche a hoy, cero en timeline.
Y sin embargo, niebla afuera y un ruido infernal de carros
    y nervios.

Comprensible que la siembra de alguna dalia o jacinto rompa
    rutina de e-lecturas. Llaman por peras envinadas o delicias
    extrañas al Valley.

En alguna mesa dispuesta al efecto, señora dice:
se sufre del corazón en tanto dislocamos el gusto.
Nos
obliga
a
ejercicios
de
fonética.
Reparte lazos rosa.
Prendedor.
Ruido de huesos.

Aunque de Lomas, Corvus Jones se hizo urbano.
Fui cooptado, escribe.
Asombra que use un término caro a la política.
Corvus Jones no hablará nunca de política.
Otra mudez de exilio, otro asidero.

Cada vez que se forma un recuerdo, las neuronas encienden determinados genes para fijarlo. Para ello deben tener suficiente colesterol en la parte exterior de su membrana. Como si fuera el aceite que lubrica una máquina, el colesterol funciona como un transmisor de las señales externas necesarias para activar los genes. La presencia de esta molécula en el encéfalo tiende a perderse con la edad, y tanto personas mayores sanas como otras que sufren alzheimer suelen presentar niveles de colesterol cerebral más bajos de lo normal.

Cuenta una historia de cruces de fronteras, gente conocida que de pronto se ve atrapada en aludes de centroamericanos que bajan de los trenes grises.

«¡Papeles!», grita alguien, giros y sin darse cuenta están corriendo.

Disparos al aire, ruidos como de motos y helicópteros pero no hay ni motos ni helicópteros.

Polvo y olores a humo, pólvora y goma quemada.

Zona de confort.
Cómo justificar un asilo desde ahí.

Desde la autopista el alto obelisco. Nos detenemos pero no en los detalles. Es casi noche, bastante claridad todavía. Veamos por qué se dice que ahí comenzó todo.

Batallas de antiguos habitantes del Valley por alcanzar un giro, la condición pedánea, un desprendimiento de lo conocido.

De sus muertos también bebieron.

Ceronetti a propósito de odontologías:

«Para mejorar la humanidad, arrancar a todos hasta el último
   diente. Castigar la prótesis con la muerte. Más fácil edu-
   carlos con la boca vacía, mitigar la dureza, reducir la vora-
   cidad».

Esto después de llamar al hombre arma peligrosa.

Entre muros, a un lado de pedestales, bajo los andamios,
   todos de una vez vacíos: trasiegos.

Aparejos, noche transcurre.

¿Alguna aplicación para silencios?

¿Algún silencio?

Apenas si nos hablaba Nazif. Apenas si dejaba de masticar
   aquellos diminutos soldaditos de harina de maíz porque
   reparaba en nuestra llegada.

Éramos transparentes, un pedazo de escritura muda.

Errábamos, poco se avanzó en esa dirección. Una pena.

Otros

corrieron

mejor

suerte.

Y sin embargo, era como un joven Pierre Michon volviendo
   una y otra vez sobre frases, con brío patibulario, de ascen-
   sos y descensos.

Boberías de Nazif a tutiplén, recordaría Corvus Jones años
   luego de enterrarse en Colorado.

Dejarse pieles.

La primera:

justo al inicio del laberinto.

Un golpe estúpido contra la esquina de un mueble hace saltar
un pedazo de uña.
Sólo entonces lo descubre: hace mucho tiempo que no sangra
por nada.
Goteo de sangre que mancha sábanas y alguna página de
un libro.
Sana demasiado rápido.
Sangrar por nada sana rápido.

> *Los ratones viejos tienen niveles de colesterol dema-*
> *siado bajos en el hipocampo, un área del cerebro*
> *relacionada con la memoria. Los científicos han*
> *demostrado que, si les administran un fármaco*
> *que impide la pérdida de colesterol en el encéfalo,*
> *la memoria de los roedores ancianos mejora sig-*
> *nificativamente. Esto podría abrir una nueva vía*
> *para mejorar la memoria de personas mayores.*

Lomas no es Ceuto.
No es Vilis. En Vilis hay un Castillo.
No es Feldafing. En Feldafing hay un filósofo.
En Brazos Valley hay un castillo y unos quehaceres positi-
vistas que a veces pasan por post-y-trans.
En Pantano no hay nada, sólo parloteo y dolo, algunos puen-
tes, autopistas, rampas de acceso.

En Brazos Valley, Corvus Jones se metió a vivir con unos
músicos. Pero pasa que Corvus Jones no es músico.
Quiere que entendamos que escribe canciones de salsa, pero
todo lo que se ve es que no es músico.
Corvus Jones se harta y se va.
Comenzó a leer las letras de salsa usando un altavoz que
alguien le trajo de Pantano.

Brazos Valley no es como Pantano.
La estética, si es dable así llamarlo, de Corvus Jones. Su
futuro no va por la música.
Ni una sensación de pérdida, dice.

Rana amarilla en Lomas.
Punto sobre un plano en espera.
El producto que toma posesión.

> Los fanatici *eran los sacerdotes que se castraban a
> sí mismos para servir a una diosa. No queremos
> perder los prejuicios, tras ellos hay mucho esfuerzo
> y una gran tenacidad.*

La mujer habíase ido con el pintor de los tenedores...
¿Qué va a pasar con estos pintores y sus mujeres?
Buenos para observaciones.
Pero.

No murió nadie en Brazos Valley en todos esos años.
Nadie conocido.
Yo monologaba y decía: Jardín de invierno, hermoso título.
Nadie escuchaba.
Hasta que desapareció aquella mujer que volvía cada mañana
a los dictámenes, a Vico, a subir las mismas escaleras.

Se había perdido la madre de la vecina. Pero era sólo una
alucinación de su hija que la soñaba otra vez viva, en fuga,
lista para reproches.
Otros entre maletas de *antiques* filosofaban sobre axilas.

Apenas una frase sola, sacada de contexto. Pero todo es con-
texto.

Lo que abunda es calor y supermercados.
Trinos, música mecánica, espacios de una coloratura simple.
No calles estrechas.
A veces circulan autobuses.
Andamios.
Aparcamientos.
Y
sin
embargo
ellas,
las
de
frescas
carnes
aireándose.

Marcadas tendencias palinuroides.

Sé no desaparecer.

Era quien abría las llaves de gas. Ahí, su concepto del vacío,
    «el mal a saltos oblicuos». Respirar por tubos según el
    reporte del tiempo, igual que echarse a la mar —o echarse
    al amar.

Un animale trepado en solitude.
Martillo de sangre, incapacidad de (seguir) manifestándose.

Esto es ser Corvus Jones: No saber sufrir la inteligencia que
    necesita.
Tocada por radiaciones, barajó un sinnúmero de posibili-
    dades. Desde luego, no tener hijos. Lo cual implicaría

cegarse a cualquier asomo de intercambio epistolar. Se interna, o deja que la internen. Renunciar a cualquier perseverancia como si continuara en un mundo en estado balsámico.

Toda radiación es posterior a Valéry.

Flota en radiaciones, pero se niega a morir.

Vico: Escaleras.
Un
gran
auxiliar
de
la
muerte.

Demasiado tiempo desde aquellos rencores.

Cierta vez dijo Corvus Jones:

Nací en Pantano, pero no hablo ese idioma tortuoso que allí abunda. Pantano fue alguna vez una playa sin torres. Ahora es de nuevo costa, una empalizada, laderas, unas cuantas familias de caimanes que cruzan por sus esquinas antes asfaltadas. Desde cualquiera de sus puntos acechan suicidas y vendedores de canoas plásticas y artefactos futuristas.

Tenía una novia, Argenta. Antropóloga la niña, axilas delicadas.

Pero si he de hablar de alguien en concreto hablaré de mi madre, que un día me da los buenos días y al otro no me reconoce. Mi madre de aquel tiempo, cuando salía a caminar, venía a decirme cosas como ¡qué lata de gente!

Pero al grano. Corvus Jones, atendiendo a la descripción de ciertos arquetipos o esquemas del espíritu, lo que propone es:
—una especie de teoría literaria de la que no es posible desentenderse,
—variaciones de un carácter abstracto, y
—construcción de una realidad, vaya si equidistante.
Ha salido de pesquería. Oh, Argenta. Se verá.

> *Prisión para los instintos, Asilo para locos, ¡que se lleve quien quiera a esos trastornados chillones, quejumbrosos, atolondrados!*

Brazos Valley llegará a ser alguna vez abstracción, de la misma forma que una pintura no lo será ya nunca.

Escribe «pródromo», pero ella leyó «pogromo». Entonces vio la larga canoa de bambú, avanzada la noche, sumergiéndose en fangosas aguas que burbujean y se inquietan y apestan.

Infinito Brazos Valley, plano del laberinto, patria roma del libro infinito.
El espacio de la caída.

II.

Birds are México

Qué de proliferaciones.

Mandelstam.
Otros eventos parlantes del día jueves.
Sabida es la influencia juvenil.
Tiempos de una frecuencia expresiva sobredimensionada.

Todo el día una palabra entre dientes:
Scaremongering.

Es domingo. Entretenida en secuencias, Pharia no está en la
cama aún. Sábanas manchadas de tinta y fluidos. Se puede
descifrar lo que sucederá en veinticuatro horas. Se puede.
Pero no será revelado, so pena de no poder cumplirse lo
que pactamos.

En reemplazo de antiguos modelos, un concepto otro de
persona: el hombre como una incierta sensibilidad que
abandona toda interacción con lo que le afecta.

Si llegáramos a apurar una biografía del joven Corvus Jones,
muerto en plenas facultades.
Difícil tarea, sólo por curiosidad se acomete.
Habría que reunir elementos para una armazón, secuencia de
sucesos a los que aportar dramatismo y algunas relaciones
espontáneas, fugaces.

Respetabilidad y digna pobreza, mas nada de adhesiones, ni de morales perrunas.

Un día saca a pasear su perro. Conoce a una muchacha. La muchacha está sentada en un banco, a un costado de una de esas pistas creadas para mascotas y que semejan el cráter dejado por el impacto de un meteorito. Hay dos en Brazos Valley, según fuentes.

Está completamente absorta en algo, está drogada.

Corvus Jones carga con ella. No hacen otra cosa que tener sexo violento y otra vez high. Corvus Jones se gusta high. A la semana se aparece el marido o el novio o amigovio de la muchacha. ¿Un primo? ¿Lo envía quién? Acusaciones mutuas de redneck/white trash, aunque Corvus Jones sale mejor parado, apenas con un spik. Qué es peor, se pregunta. La muchacha lo abandona. No sin antes provocar otro conato que termina en intento de incendiar escasas ropas y todavía más escasos libros y pinturas que Corvus Jones ejerce de noche o los domingos sabiéndose high.

Corvus Jones vuelve a frecuentar la pista para perros con vagas esperanzas.

Desde luego, heredamos por reiteración de sangre. Lo que será todavía más inexplicable es la sorpresa Jones, una Ópera Trauma que viene de antes, de cuando la infancia.

La
ausencia
de
patria
sólo
se
anula

apelando
a
los
sentidos,
a
plenitudes
corporales,
al
saciamiento
de
terminaciones
nerviosas.

Qué sabes, Pharia, de borrarse, de automutilarse.
Qué sabes de frecuentar santuarios de resonancias o planicies.
Oh, Pharia, te he visto eludirlos, no era como lo imaginamos.

> *—Si un espíritu que, para arrepentirse, aguarda*
> *llegar al límite de la vida, permanece en la parte*
> *inferior de la montaña, y a no ser que le ayude*
> *una ferviente oración, no sube a este sitio hasta*
> *haber transcurrido un espacio de tiempo igual al*
> *que vivió, ¿cómo es que se le ha permitido a ése*
> *venir aquí?*

Un mecanismo teen que ya no es posible alcanzar a com-
    prender.
Descolgamiento a través.
¿Te ha gustado, Pharia, convivir? ¿Lo soportarías?
El mecanismo teen se dispara. La revelación de un ser enlo-
    quecido, no más frágil.

Aprendida la no trivialidad del funcionariado en el Valley.
Todo candor: Hay dos neuronas, tres neuronas, y una
sola es sexual. Discurso de la madre sobre las dudosas
relaciones del mundo con los hijos echados al ruedo.
Tantas manchas de humedad en las paredes que resba-
lan o hunden veleros entre oscuros islotes. Los hijos, un
convulso natural en ojos y dientes. La escritura después
de llegar al Valley, después de los hábiles funcionarios
que reparten credenciales y certificaciones de manejos. La
madre, exhausta, decide no participar. Pero estará pen-
diente. No participar, pero pendiente. Y su cuerpo va a
poner en marcha una sucesión de ausencias que nadie
presintió, como por ejemplo la de un niño que juega con
su perro pero termina temiendo su mordida o su caren-
cia de afecto y entonces niño y perro son dos extremos
decantados de una misma absurda historia. La sombra de
humedad en cualquier pared, sobre mostrador y escritorio,
perpendicular a toda interpretación. La escritura después
de rodar, después de toda metaliteratura.
Se entendería que no tenga sentido.
Ninguna apropiación, mas tampoco ningún sentido.

Fiordos: Una relatoría.
Qué es lo que compro.
Qué compro cuando voy solo, qué cuando vamos en familia.
Como preguntarnos en qué lengua somos.
Gorro frigio, cocarda tricolor.
Un asunto lingüístico, desde luego.

Perret, citado por Lezama: Ciertas técnicas nuevas no dejan
ruinas hermosas.

Siempre pasa en aeropuertos, rostros que parecen ya vistos, voces que ya han hablado, gestos ya frecuentados.
Enemigo de la música vocal, coros aparte.

El paternóster, este desplazamiento de casos. Balanceando la pierna danzarina. Nunca, en efecto.
Ni siquiera en Pantano, lugar de ciertos avances.

¿Clase business?, preguntan.
No, clase populacho.
Al despegar, aviones abandonados. Yerba alta, matorrales, todo muy méxico.
Birds are México.
Al elevarnos, nos rodean nubes. El cilindro tambaleante. Imagina que si Dios juega a los dados, podría ser éste el momento de ser llamado al lado suyo, como buen ser o ser que se inmoviliza. O tal vez no.
Ustedes han sido perdonados.
Una delgada lámina para adentrarse en algo innombrable. Pero no sucede nada. Cilindro toca tierra.
Lorenzo: Abur dioses paralíticos.

Ives Coppens: El hombre no cesa de aparecer.
Sin embargo, marmotas semanas antes de la primavera.

Exiliado de remota isla, el origen de toda afectación, a su vez la salida, *el asunto de mi cabeza.*

En el reverso de una señal de tráfico, la inscripción: *Banished men should never speak their native tongue.*

De la cálida estación del amante virtuoso a la gélida parada
   de autobús del amante leproso.
No me toques más,
dice
para
exiliarlo,
borrarlo
de
un
golpe
arenoso.

Una admiración boxing, de cesta de supermercado, carro de
   lata pateada.
Un seguimiento zigzagueante.
La libreta del apuntador de sueños, abierta a un lado de la
   cama.

Cesa de tener opiniones fue mi lema.
Durante años [...] estuve tratando de alcanzar el
vacío.

La sombra de algún Bonaparte cruzó a caballo bajo el Well-
   born Bridge y volvió a encontrarse de frente con aquella
   prostituta de Nantes que tiritando de frío repite: sólo es
   necesario vivir.
Nunca sabremos su nombre ni la edad de aquella pequeña
   cicatriz en su cuello.
La sombra del jinete volverá a llevarla a un cuarto de hotel.
Volverán a encontrarse varias veces más hasta extinguirse la
   raza caballar.

Schwob: Porque sabrás que las pequeñas rameras sólo salen
   una vez de la muchedumbre nocturna para cumplir una
   misión de bondad.

Asilo
de
dragones,
tierra
arrasada.

Mas, entre las numerosas ficciones de Corvus Jones, aque-
   llas donde narra los cotidianos intentos de seducción que
   sufría Argenta, la de delicadas axilas.

Le gustaba un cuadro de Hopper. Debió saber que Pharia
   llegaría a sentirse así, sola como la joven con sombrero
   sentada a la mesa, con expresión desolada, asomada a un
   estanque Parfait, próximo a pestilencias:
La endura era el suicidio por hambre de los cátaros.

Bajo el cuerpo desnudo está lo desollado…

Eso de atender a mareas se da bien en diciembre. Un control
   lunar o reposo de viajes sin ningún plan de retorno.
A veces sucedía que en un año entero no se asomaban, no
   veían el mar.
Entonces un olor salitroso emanaba de cornisas y falsos
   techos.

Vio el auto en llamas y la Inmóvil Mujer negando, su cuello
   como parte de un mecanismo de piedras rodantes. Las
   llamas tenían un olor ácido.

En los cables de la telefonía, zapatos colgados indican dónde
   alguna vez asentaron placeres.

El asunto es: colocar textos gravitatorios en el Valley, una
   planicie que no podría definirse a partir de un centro.
Ubicar ese centro, encontrarlo, reedificarlo después de des-
   truirlo.
Textos sobre ruinas concéntricas.
No existe eso que llaman literatura toda vez que es páramo de
   historia corta a la que se le adjunta apenas un ferrocarril,
   un río, un encofrado, unos comercios.

Sin lentes.
A la distancia de un paso, laderas, edificios para mercaderías.
Un antepasado de Pharia nació en Matanzas cuando
   Matanzas no era caribeña sino germánica y se llamaba
   Marienburg.

Oponer a la Ópera Trauma una Ópera Arbitrio.

III.

Donde (en páramos) pisan cantos

Y bien, no está completo el viaje sin la narración de eso que
     pasa más allá de los límites de una cama rodante. Pues
     también hubo unos ritmos, una violencia ordenada.
Por supuesto la escalera de Vico, una caída.

La música moderna en el Valley y sus ejecutores, muertos de
     una vez ya, resumidos. La sola mención de sus nombres, o
     su aparición en una imaginaria guía de teléfonos, alentaba
     a Argenta, según Corvus Jones.
Su antípoda: una pátina de no visibilidad.

Art Plus Tatum

> El *gambler*. Conteo de espermas. Objetos en
> sucesión de disputas.
> Si todo sale bien, podríamos comenzar las obras
> mañana, sólo después de pasear los perros y aco-
> meter oportunos ejercicios de estiramiento.

Billy Jean vs. Bill Evans

> Cuando una guerra o una simple discusión gene-
> ralizan un status. A los fiordos. Se está hecho
> para arrullos y ganar de paso unas partidas.

Coltrane's Coprology

> No es en absoluto inmoral una reducción en el
> consumo de ficciones.
> No dar paso a reflexión o sesiones de diván.

The Assassination of Dexter Gordon by the Coward Lars Ulrich

> Todos terminaron traicionando una idea de docilidad.
> Por un lado, se reincorpora a la legión de maquetadores.
> Por el otro, poco conciliador.

Dee Jay

> *Any* mal necesario, pues se hace omnipresente.
> No atiende razones ni atenderá.
> Y sin embargo, en ellos una destreza en el manejo de péndulos los pone de nuevo en el camino a Lübeck.

Everybody needs a break to get rid of Elmo

> Muerte, fatalidad última.
> Buxtehude finiquita.
> El templo está vacío.

The Gin House Blues Of Fletcher Henderson

> Pasmoso ver la dificultad con que se rearma un ejército a base de blanqueamientos de los mandos.

The Four Mormons around Gerry Mulligan: «Five Brothers»

> Consumación del absurdo, ver lo demás. Va a resultar complicado intentar una definición del Valley. Mujeres con sus perros, ropa ajustada, algunas salen a correr empujando un cochecito de bebé. O ellas en bicicleta y el cochecito a remolque.

The back of the jacket says Hubert «Fireproof» Laws

> El escarbadientes de Jarry precede a la forma de
> misiles orientados hacia eslavos.

Just Call Me The King of Mambo

> Ni otras cicatrices. Siempre en vano las bestias.

My name is Jimmy Smith. I am an invisible man

> Todo lo que no es útil con cierta vileza, no valdrá
> la pena que sea revelado.

You shall not misuse the name of Keith

> Soñé (también soné) que reducía a escombros
> un arco de triunfo. Con un dron. Pélvico. Todo
> reducido a un ahogo. Mosaico. Problema de
> estilos.

In a sense, he's Lester, a very sick man, a spiteful man

> Prez se anima a reencontrarse, ¡al fin!, con la vieja
> dama. Siempre algo porno asociado. Detesta
> los puentes. Qué historia esa de emperadores a
> caballo bajo el Wellborn Bridge.

But as usual Miles was so high

> Coleccionista de enemistades. Centrifugador.
> Birlador. Golpeador. Si nadie convocaba era por
> diletantismo.
> Culpa a los demás.

By the usual corruption of words in England, he is now called
*   Mingus*

> *Gedichte.* Caminaba como a saltos.
> Por varias tomas, otros, más de lo mismo.

Yes, Nina, the past is a foreign country

> En cualquier caso, sacerdocio. Ningún plan de
> fuga. Está en medio de un torbellino con dere-
> cho a juzgar.

No one was there, Mr. Coleman

> Tenía su momento, pero una normativa exis-
> tencial obligaba al paroxismo, cuando no a ras-
> gueos. Al virarse, oh, todos se habían marchado.
> Incluso capellanes que elaboraban pantallitas
> para condenados a muerte.

You're from Las Antillas. You already had the river

> Había una playa. Concedo que lejana. Había un
> pueblo y sus villas para lagartos, animales de sol.
> Por unos minutos, palomas frente al Downtown
> Square, nuestra plaza de concordias, margaritas,
> tal vez pinot noir. La estación de las carnes rojas.

Quincy, a local pride

> Pero, a fin de cuentas, lo que digas. Asume el
> riesgo de no ser entendido. Hay un parloteo que
> duplica lo mismo que espejos. Y también un
> modo de volver a enfilar una cadena de objetos
> inservibles hasta volverse hermético.

He is known to be the wisest preacher in town

> Nunca intentará componer ni, llegada cierta
> edad, tocar de pie. Cuando era niño, sus deseos
> no pasaban de tener un pony.
> Ningún giro de los acontecimientos podría ya
> interesar.

Unreal Stan under the brown fog of a winter dawn

> Por
> Ipanema
> diéronse
> a
> pasar
> entre
> agüeros
> unas
> sombras
> chinescas.
> No
> más
> transgresiones,
> levadura
> de
> otro
> tiempo.
> Nunca
> más
> se
> les
> vio.

Told you, Ruby, dear, stay away from him

> ¿Has visto la foto del lugar donde nació? Uno que ya no vive allí lo recuerda irredento, aunque nómada, pero con el sueño recurrente de un bosquecillo ardiendo. La medida de una escritura defragmentada, todo muy minimalista. ¿Entiendes, no? Minimalista, eso dijo.

Four on six, rolling up the sum

> También estábamos nosotros en el Caffé Lucca. Y estaban aquellas réplicas idiotas de aviones futuristas, artefactos que nunca tomarán vuelo, pero complacen a adolescentes o japoneses.
> El Caffé Lucca, abierto hasta el amanecer, y unas siluetas a un costado del bar. Allí mismo una ventana con hojas o un ventilador de pared.

What else is there? And to do what?

> Es un abismo, un abismo que se reitera por varios cuadros. Un tren sacudiendo el puente de hierro, un gong nocturno que no permite concentración, una rápida escena de sexo, llantos de bebés.
> Hay quien nació en Pantano, vino al Valley y conserva intactos todos los afectos.

IV.

Bannon Deserta

Pharia está en Lomas, pero siempre a disgusto.

La susodicha Ópera Trauma, consistente en reventar con
   golpes de pecho, en darse a la busca de los dobles.
En la estación de Brazos Valley, se las arregla para irse al
   Sabbat, pero no es cosa fija, ya que frío, humedad e inin-
   teligibilidad del idioma harán que vuelva.
Unas luces como de agua negra alargaban la fisonomía de
   cuerpos y hasta de objetos.
No hay ninguna maniobra ampulosa en todo esto. Sólo apu-
   rar callado una cicuta para viajeros.
El cobarde que la imagina.

Dominar el arte imposible de la microscopía en tiempos
   plásticos, de trenes que son espejismo interminable.

Habiendo marchádose, dijo Corvus.
Pasan gacelas. Sal gruesa.
Lobos ladran perros.

En un depot cualquiera, en busca de herramientas para afinar.
Si ella hubiera dicho afinar de otra manera, con una inflexión
   extraña, un dejo.
En la nota no especificaba.
Hemos quedado para mañana en la tarde.
Tragicómico.

Dícese de los ancestros de Corvus Jones, no eran gente de fiar. Abajo, entre reclusos, balbuceaban. El bandido es peligroso cuando calla. Las madres lamentarían que su prole coincidiera en espacio/tiempo con asesinos. En su jerga, los significados se desplazan. Eso es todo cuanto se puede saber.

Sólo entendiendo el Valley como límite, llegarían a considerarlo parte de un universo. El Valley es el *límite*. Pero *límite tiene muchas acepciones*, puesto que podría ubicarse igual al principio como inauguración de los tiempos si en el centro permanece el deseo de que a todos incluya.
Pero todo es objetivo o subjetivo según se desee.

Vienen a hablarle de una bestia a partir de un ejercicio de destrucción bastante natural. Los prolegómenos: mirar fijo el edificio, intersección en el centro del Valley, esperar detonación. Allí asomará patas y cola. Un amago de distracciones y la pierdes.
Y por supuesto, la pierdes.
El número de veces que esta escena se repite es irracional.
Sólo lo que no es irracional puede no ser obsesivo.

Síntomas de la caída: una vez abandonada toda capacidad de regeneración, aproximación a paisaje lunar, bottle rack duchampiano no por callejones de París sino por tiendas de trastos antiguos en vecindarios o centros de pequeños pueblos del Valley.
A veces se daba a grafemas incomprensibles.
Sólo tenemos por manual unas conexiones musculares, huesos, ligamentos, ácido láctico.

(Ya le ha pensado una biografía mas no está muy seguro de que Corvus Jones sea el nombre más adecuado.)

Ciertas historias del Valley que sólo el autor conoce. Otras son de dominio más bien público, dadas a un recuento innecesario.

Apaches y comanches sembraban el pánico entre la población de búfalos del Valley.

A partir de la extinción de estos últimos, y el retiro oportuno de sus victimarios, alemanes, austriacos, checos e italianos se dieron a una luenga tarea en procreaciones, noticias incluidas.

Le hicieron la pregunta de su relación con Dios. Su respuesta: por fuerza de succiones, había vuelto a persignarse de noche.

Pero sólo era que escuchaba al predicador, muerto siglos antes por flecha envenenada.

Una entrada de la Enciclopedia Stankus de Personajes Literarios que ocupó los días de Corvus Jones en el Valley:

> Pharia Mutini: Aceleró la creación de los géneros mixtos en la zona del valle del Brazos River. No aparece en ninguna obra de los autores más conocidos, todos latinos, algún lituano… Con todos trabó pareceres, sin embargo.

Yo salía todos los días en tu busca.

Yo bajaba las escaleras, subía en ascensores.

Me cuidaba de los fríos de enero y febrero, unos rumores en privado.

Ya empezaban a florecer ramas cuando las temperaturas
comenzaron a subir.
Sonata Sonans.
Apenas si hubo tiempo de nada.

Viuda Mozart.
Pensión familiar.
Día llegó piano.

Respete a quien provee, al dador de vida.
Cuatro mormones en fila bajo la lluvia, se necesitaría aguzar
el oído, buenos para una descripción de nuestra relación
con la naturaleza.
Cuatro hombres con ademanes funerarios que aluden a una
infancia entre enfermeras.

La necedad, el error, la codicia, el pecado...

Es extraño, Pharia, que palabras dichas quince años atrás ten-
gan aun asiento en ti. La casa gana, sus moradores, puede
que así lo haya dicho, y sentí que lo que decía te calaba
como un chirrido o un diálogo de pájaros metálicos. Las
palabras se superponían, se hacían sensoriales, se partían
por su justa mitad, volvían a anillarse.
Sabías que todo era un experimento, la conducción de morbos
que nos superaban.
Nadie sabía lo que iba a ocurrir, porque nada estaba hecho
para comprenderse, pero intuíamos los fragmentos como
la única armazón palpable.
Sólo sé que tiraba una moneda: el que ama siempre está solo.

Las piernas, sus partes buenas.
Ausencia de pechos.
Pantorrillas, hueso vivo.
Un mapa oscuro de zonas postergables.
El resto, a los habitantes del zoo.

Qué lejos llega la construcción de una tempestad, esos barcos
    redondos, cuerpos en fuga.
Cierra los ojos, Pharia, esconde tu naturaleza.
Asume que has callado para que podamos mirarte por dentro
    y negarte.
Asume que no volverás a extinguirte, respiración de los astros
    y que afuera habrá siempre alguien dispuesto a recono-
    certe.

No sé qué velas prendiste que hubo una explosión de olores
    brumosos, de cierto filamento de plata, y que despertó
    por toda la casa un movimiento de brisas a un tiempo
    calientes e invernales.
Nadie movía músculo.
Ni tos ni violencias.
Podría haber vida en una de las lunas de Saturno.
Asume.

Estuvo
una
vez
en
la
gran
plaza

de
Bruselas,
había
palomas,
una
ardía.

Ceuto lo hizo o fue hecho. Allí no volverá.
Una ruina, destrucción demasiado *à la carte*.

La elegibilidad es extrañeza y en ella no me toco, no me
    encuentro.

A un partido de fútbol de colegiales asistió una delegación de
    los veteranos de guerra del Valley y zonas aledañas. A la
    mayoría les faltaba la mitad de todo lo que en sus cuerpos
    tenían duplicado.
También se vio a Argenta, estudiante de antropología, deli-
    cadas axilas, única miembro adulta del muy joven equipo
    de cheerleaders.

Se pusieron de moda las minifaldas.
Pero escasea el material.
Echan mano al hule.
Quema, es cierto.
Se realizan ajustes para el dador de estilos.

Abandonó poesía propia para afirmarse en el aprendizaje de
    caligrafías ajenas, esto es, la poética de un líder que no
    toleraba circuncisiones ni orgasmos de otros.
Pero.

Aun cuando su filosofía (o la ausencia de ella, podemos decir)
lo aproximaba a ciertos tesones lúdicos —«la vida sólo tiene
un encanto verdadero: el encanto del juego», gustaba citar
algunos pasajes baudelaireanos, con total independencia
de un estado de ánimo—, Corvus debió desempeñarse en
trabajos mal remunerados. Manualidades: nada de buscar
diamantes en la sierra de Gredos o el lomerío de Arkansas.
Ya una vez le vieron en la ciudad a cargo de levantar las
viejas líneas del tranvía y en menos de quince años de la
que instaló las nuevas del tren eléctrico.
Por lo general, en invierno, carnicero, bauxita, tráfico de
pieles.
En verano, músico de bares, descuerador, tautólogo.

> *Despacio.*
> *Calvo era y millonario,* maestro di color che
> sanno.
> *Límite de lo diáfano en.*
> *¿Por qué en?*
> *Diáfano adiáfano.*
> *Si puedes poner los cinco dedos a través de ella, es*
> *una verja, si no, una puerta.*
> *Cierra los ojos y mira.*

Coleccionaba causas de muerte, un abuso rutinario de los
detalles.
Han de aparecer extensiones protoplásmicas que conduzcan
a algún lugar iluminado, mas queda aquí dicho: sufría de
fotofobia.
Pero es del todo imposible sufrir fotofobia en la sociedad
moderna.

Rueda compuesta por dos máquinas engranadas.
Simulación de acequias, pozos y fuentes.
Asientos, cuerdas.
Armaduras de pasta.
Feria de artilugios de feria.

Destinado a morir de prisa, cuando habla de reyes, no incluye
al rey de los prusianos, patria de sus ancestros. *Media
Europa occidental tiene los pulmones más o menos afectados.*

Suplicio Leng T'ché

[fragmentos de cuadernos de
Corvus Jones, circa 1971]

I

atrasa
huele de chronicle un sabor de frontera

ha pisado arenales de blanca cáscara antes de la inmersión
suburbiales
piense
no se deje

deletrear azuzar
y
nada fluye

si en la noche tanto calor prende sus tajos

esta vez feliz ella de poder mostrar sus axilas peludas en la
  televisión
oh, aquel evening show tan ajeno
estábamos juntos en un valle del Texas profundo
el acto simple de comenzar a anotar sueños
y
el viaje, los desafíos
trajo, por ejemplo, un cambio, otro, importante:
una percepción diferente de las posesiones
we who were living are now dying
with a little patience
una vez que entras en la corriente, ya no valen acumulaciones

II

¿levitaciones?
¿desprendimiento en la noche, dices?

vuelve sensación de hastío
y
un tren embiste la casa

qué habitante del valley no ha querido ser por un día santo
    e indio kondori a la vez

el lastre del provincianismo debe ser superado por los escritores
    del valley
si no gravitaran qué

III

porque la mano
que ávida raspa,
como una barba,
el ejo azul
de esas axilas

IV

salto al vacío
mi senda es de agua
el rigor de vivir se desgasta anhelando el exilio, escribe char
los fuegos próximos ya queman
las bestias acortan la noche
hacia el silencio
hacia ti
no siento crecer la hierba
mas, ¿debería?
los oradores diciéndolo
me nombran: suben al carro de escalar
si toda muerte viene a contar
si en cada paso deseos
transparencias
todo el que partió es un número en metal
muros
al cielo en bocanadas de candor
trazos
grises
salto al vacío
aguardo
cuerpo mío de otros huesos
cuerpo roto
sal borra odio
qué camino dejan
otros serán los aterrados del frío
estos desiertos me nombran:

hoy soy perro encadenado a un árbol
char lo ha escrito
no padezco
estas avenidas que no van a ti
estos aires nocturnos
estos días de insoportar llevan los enigmas hasta otras puertas
es el centro atado a un invierno nuevo
las cualidades
las culpas

Para algunos ejercicios de taichi recomendaba un tipo específico de aceite según qué parte del cuerpo. Mostraba cómo aplicarlo en las axilas y mientras lo hacía volvía otra vez sobre su vieja teoría de una imposible erótica axilar, así lo llamaba. La nariz, su nariz, adquiría de inmediato una coloración extraña, como mostaza y salsa schiracha juntas, y se inflamaba y aligeraba al compás de palabras. Al grano: consideraba las axilas las grandes olvidadas del arte erótico universal.

El problema era que al haber sido desterradas del canon occidental, habían sido convertidas en pasto para obsesos y psicopatologías diversas. Por las noticias conoció de la existencia de un moderno caníbal japonés, Issei Sagawa, una de las obsesiones de este hombre era descansar en las axilas de una de las mujeres que él deseaba, deseaba quedarse allí para siempre. En la plenitud de su delirio mental se detenía en ese mínimo lugar para saciarse y encontrar algún sosiego.

Proseguía entonces mencionando su profusa galería de ejemplares diversos.

V

por menos de tres dólares un libro de nietszche
un simple cambio de perspectiva:
habíamos visto volar unos patos

abierto al azar nietszche sobre el derecho del más débil
esos comunes acullá
el sometido una ciudad asaltada
eso dice
un acuerdo entre vencedores y vencidos
nada que no pueda / deba ser imaginado
o no haya sido pensado ya

habíamos visto volar esos patos
los vimos frotarse
repelerse
contribuir a ciertos incendios
al margen de la filosofía
y
al origen de toda justicia

nietszche podrá decir dios creó el olvido
y
lo supuso
como lenguaje de las formas
un adónde conduce todo esto
un ascetismo de nuevo cuño
aquel ascetismo aguzado donde el conocimiento es dolor

y
la inocencia maldad

sentimos los disparos el crujido de los cuerpos en la madera /
los cuerpos dados a una resistencia se expanden
la miseria inflamada de todos los cuerpos
que nos hará sospechar del hambre
como elipsis
o
como terapia

algunas ideas en el reverso del cuaderno elástico.

VI

habiendo conocido al hombre rata
al hombre salmuera al escapante
habiendo a la vez perdido la voz
debido tal vez al viaje
o
la posibilidad del viaje / rupturas
ya no más en lo remoto
debido as well a aquellos hombres de metal
sus rostros en la pared de cartón
guardianes del lienzo azimuth
tipos que beben vodka similares a la cacharrería
habiendo comprendido al fin algo más de consumaciones
habiendo puesto pies en polvorosa, dices con infantil seseo
esos redobles ahí por escuchar voces.

el miedo de la madre al gentío
la madre agnóstica delirando
ferviente consumo de teínas
recurso de escritura mecánica
si fuera como toser
apaga
y
vamos
creo que deberías reinventarme lejos de sentimiento

VII

un fondo de botella:

                    una versión
                    polaroid
                    del infinito

lo que estaría por llegar:

                    una puesta
                    a prueba
                    de ciertas
                    lealtades
                    es decir
                    lo brumoso

autos que parten:

                    los estruendos
                    de escapar
                    de una rutina

argenta sufrió una crisis de epilepsia en la rothko chapel. ese
impuro rojo vino todavía zumba.
mil picos y los ojos vacíos.
dolor de uña
u
ovarios.
sucedió también ante niño muerto.
no aparece naturalmente entre nuestras ocupaciones la caza de
cuervos.
pero a veces sospecha que la engaño.

VIII

adiós a los bárbaros
(para suplicios el leng t'che)
querellas
alciones
aquestas palabras
esa tendencia a cienciar
por qué eludir la opción no nacer
ahí vienen con estudios del cerebro de las ratas
todo explicado a partir de un tarareo

el valley pensado
pero es apenas invención a partir de ciertas lecturas recurrentes

IX

lampiño
un rostro de party
gobierno de un organismo corporal u onanismo en función
    de un saber impermeable
la descripción antitética de salk –ese benefactor
no-barba
y
su rostro pasteur

casas no construidas como desafío a un tiempo que escasea
viva la maquinaria estética
había soñado al padre que pintaba las puertas
queda sólo pensarse en breves cápsulas

X

qué sé yo de luz en el valley
duración de inviernos
o
dialecto de griegos que llegan para imponer un orden otro
y
una nueva sintaxis
(para una improbable definición del *texto-hilacha*)
la forma de esos toneles, hermano
pero a veces fue su dialecto ininteligible por los ladridos

(en lo relativo al asesinato con estupro, pienso que constituye desde siempre la forma verdaderamente ideal del amor, en todo caso para el hombre de tierna percepción.)

XI

a veces
no había salido
aún
de casa
y
ya recorría
con temeroso paso
las arenas del desierto.

a la hora del ángelus, el fin de la era nuclear o del sujeto mili-
    tante. a su modo, la pantalla me abría a un mundo neutro.
    cuerpo que salta y queda suspendido. salto no como ascenso o
    acceso, sino apenas como acto de caer. sin caída no hay salto.
a veces el cuerpo sonríe. o gritaba a la cámara frases como «la
    copa de plata, las materias, causa efficiens».
debo decir que me encantan estos juegos.
la naturaleza nos está poniendo difíciles las cosas, dice.
el intento vano de explicarse como mímicas o planos superpuestos.
¿llegar al principio de algo?

VI.

Hacia menor

De las entrañas mismas del Valley salen, si bien sólo a veces,
    ponzoñosas maledicencias, aldeanos recién llegados igno-
    rantes de su linaje.

Bien:
La casa hexagonal.
¡Pero esta ciudad no existe!

En plenas fiebres, recordaba la lectura de una biografía de
    Byron, el baile alrededor de un cadáver, tres hombres
    borrachos, risas, bailes, cantos, diálogos insulsos: el cuerpo
    ardiendo de Shelley.

En un año cabalístico de los dos mil.
Dos mil diez, piensa.
O dos mil doce.
Pero no, problema sincrónico de locomoción.
The first year was like icing.
Llegaron con minifaldas de hule, pequeños bolsillos.
Es de madrugada.
Afiebrado.
Sin alcanzar paz, tampoco rémora.
Puso el revólver en su boca.
Sin disparos.
Jugar.
Sólo entonces se fundaron pueblos, ciudades.
(Retrato de un insaciable.)
A ver quién vende más.

Pero es como ver que nieva.
La noche está afuera y está aquí.
Alguien a esa hora cruza de un salto una verja.
Alguien cierra unas maletas.
Alguien se sube a un pescante.
Alguien agita los caballos.
Caballo le dan sabana y otros giros dialécticos.
Soledad de un lector.
Descifrador.
Hace que se vean árboles.
Unas ruinas de arenas negras o amarillas o blancas, qué
    aporta eso.
El que escribe muta.
Pide recovecos, ceremonias.
Tiene ataques de pánico.
Puede resolverse como una espectralidad en salón de ban-
    quetes.
Perdió su dedo del medio en carnicerías.
La noche que antecedió a dejar de fumar.
Lo que esta fuerza implica es un punto de partida, una volun-
    tad.
Otras volutas.
Presta atención a ciertos cierres, no de fechas.
Quizás es eso, que va muriendo.

Ni hacer por límites de frac,
tal escribían peatones del Valley.
¿La diferencia, dices?
Cal sobre miedos.
Todo el que anota sueños intenta una deserción.

De tarde, casi noche. Brazos River. Corvus Jones practicaba
   ejercicios masturbatorios.
Sumergido hasta la cabeza. Cortes para una respiración.
Oh, Argenta en las orillas. Axilas.
Esto lo había soñado alguien, quizás Pharia.
Todo lo que consigue Corvus es un alboroto fangoso. Pataleo.
«Se esfuerzan, Argenta, siguen una traza, mas no están ya
   vivos», dice.
Piel o pierna de cochinos.
Así su fama.

Una pata.
Una derrota.
Un huevo.
Muy lejos del mal del entusiasmo.

> *La historia atrae, pero, sin un hilo que nos guíe en*
> *su laberinto de humanos fracasos,*
> *es oscuridad sobre oscuridad.*

(Despertó de viaje al exótico Tiflis.)
Para fiestas de escritores proletarios en tiempos de la peste,
   alquimia de alcoholes: líquido de quemar, corteza de abe-
   dul, pimientos.
Pescado salado.
Vodka Samogon.
El búho del estrangulador
Bodegón.
Cucharilla de plata.
Los ojos cárdenos del caballo de madera fatto a mano en
   Torino.

A veces las noches se cargan de tan cerrado silencio.
Uníos.

In-sistir
en
estrellar.
Ex-istir
en
jardinerías.
Traer
los
bordes
a
una
dilación.
Avistamiento del pabellón de caza.

Cuando llegue Realidad, si llega, vendrá recomendada por
    lanceros agobiados por el error de orografías contempo-
    ráneas.
Cuando llegue Realidad, si llega, no llegará Memoria.

Laubbüsche. Alimentan al pollino tirador de carrocería. Mas
    se entretienen con teleseries, una del cayo oeste llamado
    por error hueso.
Se ven figuras, no palabras.
Correctores.
A modo de anécdota, *laub* está en la raíz de vacaciones, que
    en argot castrense se asemeja a permiso.

¿Qué palabras excretar de garganta seca?

Sonido
set
de
fusilería.
Vaticinio o verdad.
Salutación de alcoholes.
Apocamientos.

> *El más o menos es la forma agradable del fracaso,*
> *un consuelo tentador…*

Corvus rezando.
Entre hospitales e invernaderos, su juventud no impostada.
Póngase chaqueta.
Decir pájaro no es decir aleteo.
Ser bípedo es ser para orar, después descabezar.
Seguía una lógica midwest.
(Diñarla en sinonimia de morir que no podrá ser explicado
    por lingüistas.)
En domingo alguien siempre sale a por ollas, sartén.

Argenta de parto.
Fiebre puerperal.
Delira Corvus: Vientre en candela.
Por playas.
        Por playas.
                Por playas.
        Por playas.
Por playas.
Kuleshov Effect: unas secuencias en pantallas curvas.
El hombre es un aprendiz, el Dolor es su maestro.

No por electuras de salmos vamos hacia virginidades.
Su padre, grafólogo.
Estudioso de diván.
Room & Board: compilador de textos hilachas.
Reconoció en su escritura un carácter sexual, predisposición
    a fecundar hasta agotarse como posibilidad.
Se agradecería que llevara un diario, ayudaría a Memoria.

De pedazos de pieles.
Bósforos.
Hinchazón de funcionarios.
Sonatas.
Ha nacido el Homo Prospectus.
Oficio: cansarse.

Llenaban cajas y a los camiones.
Definición de pensamiento:
Siempre necesitará un plan de reforma.
Una foto / cucharillas de postre en bodegas.
Pero las calles cuando cerradas se vuelven populares.
¿Usura por multitudes?
E*l evento, ¿Tan ominoso era?*
Deserta, impón tus clemencias.

Un cuerpo inerte, sobresalto súbito.
La madre necesitó un alfiletero y se dispuso a construirlo:
    pedazo de tela, borra de café seca, vuelo, encaje, candelilla.
El padre se rompió los huesos intentando llegar a la cima de
    una colina de pico helado.
El hermano, ido de casa demasiado temprano.
Comenzaron entonces a llegar mujeres jóvenes y con ellas
    hijos, deberes, asientos.

Bien que podrían quedar emparedados o flotando de un
vacío a otro como bolsas plásticas de supermercado, de
usar y luego tirar o reciclarlas para depósitos de papeles
o basura de cocinas.
Una puerta se cierra con todos los fantasmas dentro.

Violencia exaltaba olores.
Le gustaba servirse de ese azote.
(Tras la muerte de Argenta, quedó comprobada la inasibili-
dad de una erótica axilar.)

a los fiordos en taxi donde letreros anuncian cascarillas la
salvaje elusividad espejismos y otra vez pinturas y confusas
entradas de dietarios smoky jungle narices nueve caballos
más un buey la sensación de enloquecer a partir de soriasis
malas curaciones giros copernicanos elongaciones porme-
nores ranchos el asunto de cabeza en marcha hacia picota
dice el taxista que escribe intentó veinte líneas por día pero
es de libros perdidos por consecutividad bomba falto de
hilaciones ha enviudado gordo vegano acidez números
rojos dos mitades de cualquier estructura rodante busca
busca qué día cumple años el padrino de aguas toda pala-
bra en sordina cuenta una historia que no se corresponde
con nada objetivo como unas líneas de fuga una música
abriéndose que sube a llama sin ser reconocida but no
more lo que nos hace iguales es deshacernos ejecutar apa-
leos te debo cinco años de liceos y academias un trasiego
tan inútil como parpadear o falsas funciones motoras ya
no escribe pero tras siglos de continencia es ahora objeto
de culto dice las islas pero qué son islas tu sordello mar de
gambitos eso pisan cantos o del incierto fluir aquí pierde
Corvus el hilo o se pierde se pierde menciónese

Pero ya estás mostrando síntomas que indican un término, un final que se parece más a la liberación que a la entrega. Te estás poniendo impaciente e irritable, es probable que pronto te sumerjas en la hosquedad. De hecho, pasado mañana, incluso aunque quede mucho trabajo por hacer, el libro ya no será algo imaginado sino algo escrito; algo que existe fuera de ti.

Una precisa variación de la concentración.

Por (e)lecturas

Un libro de poesía no suele tolerar notas que revelen sus nexos más o menos explícitos con otros textos. Los poemarios, en lugar de mostrar aparato crítico, se ordenan como maquinarias crípticas. Pero aquí menciono algunos de los libros o textos que contribuyeron a la escritura de éste:

Capítulo I

Gastón Baquero en sus conversaciones con Felipe Lázaro.
Ceronetti: *El silencio del cuerpo.*
Ceronetti: *Los pensamientos del té.*
Ramón Andrés, foto del texto en twitter.
Celine: *Semmelweis.*

Capítulo II

Lezama Lima: *Sucesivas habaneras.*
Lorenzo García Vega: *El cristal que se desdobla* y *Cuaderno del bag boy.*
Juan Malpartida: *Estación de cercanías.*
M. Schwob: *Libro de Monelle.*
Dante: *La divina comedia.*
La cita correcta de Valery es: «La verdad está desnuda, pero bajo el desnudo está el cuerpo desollado con sus huesos, sus nervios y sus músculos».

Capítulo IV

Charles Baudelaire: *Las flores del mal*

Fragmento del *Ulises* citado por Didi-Huberman en *Lo que vemos...*
Kafka: *Cartas a Milena.*

Capítulo v

Néstor Perlongher: «Vapores».
Gottfried Benn, citado por Javier Pastor en *Fragmenta*.
T. S. Eliot: *The Waste Land.*

Capítulo vi

Celine: *Semmelweis.*
Musset citado por Celine en *Semmelweiss.*
Pound: *Personae.*
Harry Mathews: *Veinte líneas por día.*
Pierre Michon: *El rey del bosque.*

Otros

Pablo de Cuba: *Libro de College Station.*
Rolando Sánchez Mejías: *Cuaderno de Feldafing.*
David Markson: *La soledad del lector.*

www.ingramcontent.com/pod-product-compliance
Lightning Source LLC
Chambersburg PA
CBHW022015080426
42733CB00007B/605